Kathrin Doeppner

Anglizismen in der deutschen Sprache

GRIN Verlag

Bibliografische Information Der Deutschen Bibliothek: Die Deutsche
Bibliothek verzeichnet diese Publikation in der Deutschen Nationalbibliogra-
fie; detaillierte bibliografische Daten sind im Internet über http://dnb.ddb.de/
abrufbar.

1. Auflage 2007
Copyright © 2007 GRIN Verlag
http://www.grin.com/
Druck und Bindung: Books on Demand GmbH, Norderstedt Germany
ISBN 978-3-638-67382-2

Katholische Universität Eichstätt-Ingolstadt

Sprach- und Literaturwissenschaftliche Fakultät

Lehrstuhl für Deutsche Sprachwissenschaft

Seminararbeit

Anglizismen in der deutschen Sprache

Kathrin Doeppner (geb. Mrowetz)

Grundschullehramt

Inhaltsverzeichnis

1. Einleitung

„Noch sprechen 100 Millionen Menschen auf der Erde deutsch. Aber viele, vielleicht sogar die meisten, nur recht widerwillig. Der moderne Modellgermane joggt, jumpt, trekkt, walkt, skatet oder biket, hat fun und feelings, mood und moments, sorrows und emotions – und scheint vor nichts auf Erden solche Angst zu haben, wie seine eigene Sprache zu benutzen. Deutsch zu sprechen ist vielen Deutschen ganz offensichtlich lästig oder peinlich."[1]

Viele Menschen, deren Muttersprache Deutsch ist, scheinen heute fast selbstverständlich das Englische als ihre Leitsprache aufzufassen. Wenn man einer Schulklasse von 15-jährigen z.b. folgende Wörterliste zum Vorlesen vorlegt *art, band, first, name, station, taste,* so sprechen die meisten diese Wörter – auch wenn sie groß geschrieben wären – englisch aus. Inzwischen scheinen Anglizismen zum allgemeinen Sprachgebrauch der Deutschen zu gehören und sind gerade bei Jugendlichen überaus beliebt. Nicht nur einzelne Wörter werden hierbei übernommen, sondern sogar der deutsche Satzbau den Anglizismen angepasst. Dabei kommen Entlehnungen aus dem Englischen auf allen sprachlichen Ebenen zum Einsatz. Es folgen Funk und Fernsehen dieser Entwicklung, und selbst seriöse Zeitungen verwenden großzügig Anglizismen. So stellt auch der Sprachwissenschaftler Wolfgang BADER fest: „Deutsche Lebenswelt heute präsentiert sich über weite Strecken in schon vertrauten anglisierten Ausdrücken: Von den trendsettenden Bereichen der Popmusik, der Werbung, der Mode und anderen Lifestyle-Domänen über die alten und neuen Medien, vor allem das Internet, bis hin zu Sport, Tourismus, Freizeitindustrie, Technik, Wirtschaft und Wissenschaft."[2]

Seit Beginn der 60er Jahre lässt sich die erhebliche Zunahme von Anglizismen im Deutschen feststellen, die sich in den 90er Jahren enorm verstärkt. Die Entwicklungen seit dem 2. Weltkrieg haben dazu geführt, dass Englisch die unbestrittene *lingua franca* (Verkehrssprache) der ganzen Welt geworden ist und ihren Einfluss über das hohe Prestige, das ihr zugesprochen wird, ständig vergrößert. Die Dominanz des Englischen hat daher in den letzten 50 Jahren enorm zugenommen. Dies gilt sowohl hinsichtlich der Sprecherzahl und der weltweiten Verbreitung des Englischen, als auch hinsichtlich des kulturellen Einflusses und der Stellung als internationale Sprache gegenüber anderen Sprachen. Diese Entwicklung hat auch die deutsche Sprache nicht gerade in geringem

---

[1] Krämer 2000, S. 254.
[2] Bader 1999, S. 33.

Maße zu spüren bekommen. Von Jahr zu Jahr tauchen neue englische Lehnwörter in unserem Sprachgut auf.

In der vorliegenden Arbeit soll zunächst die Terminologie des englischen Lehnguts geklärt und Zahlen und Fakten aufgezeigt werden. Das Englische als größte Gebersprache Europas wird anhand eines historischen Rückblicks sowie anhand von sprachstrukturellen, geschichtlichen, politischen, wirtschaftlichen, gesellschaftlichen und kulturellen Gründen dargestellt. Bei den von Anglizismen betroffenen Sprachbereichen wird besonders auf die Mode und die Werbung eingegangen. Anschließend werden Funktion und Wirkung von Anglizismen erläutert. Es folgt ein kurzer Überblick über den Kampf gegen Fremdwörter in der Geschichte der deutschen Sprache und abschließend werden unterschiedliche Einstellungen und Meinungen verschiedener Autoren zur Verwendung von Anglizismen und deren Folgen für die deutsche Sprache dargestellt.

2. Definition

Der Ausdruck „Anglizismus", der bei dieser Arbeit im Vordergrund steht, ist in der Sprachwissenschaft nicht unumstritten. Er wird von ZINDLER wie folgt definiert: „Anglizismus ist ein Wort aus dem britischen oder amerikanischen Englisch im Deutschen oder eine nicht übliche Wortkomposition, jede Art der Veränderung einer deutschen Wortbedeutung oder Wertverwendung […] nach britischem oder amerikanischem Vorbild."[3]

CARSTENSEN schließt sich dieser Definition im Wesentlichen an und betont, dass es in vielen Fällen nicht möglich oder zumindest nicht sinnvoll ist, zwischen britischem und amerikanischem Englisch zu unterscheiden.[4]

In der Forschung wird sich darauf konzentriert, dass Anglizismen, die im Deutschen verwendet werden, entweder auf das britische oder das amerikanische Englisch zurückzuführen sind. Die Möglichkeit, dass das Deutsche auch durch andere Varietäten des Englischen, wie beispielsweise das australische Englisch, beeinflusst werden könnte, wird von Sprachwissenschaftlern als unbedeutend angesehen. So werden andere

---

[3] Zindler 1959, S. 2.
[4] Carstensen 1965, S. 18.

Varietäten des Englischen bislang weder in Definitionen noch in der Forschung berücksichtigt.

Ganz allgemein werden Anglizismen als Spracheigentümlichkeit bezeichnet, in der Wörter aus dem Englischen in eine andere Sprache übernommen und dieser angepasst werden. Genauer betrachtet fällt unter den Ausdruck „Anglizismus" jegliche lexikalische, phonetische, semantische, morphologische und syntaktische Beeinflussung des Deutschen durch die englische Sprache.[5]

Dabei gibt es mehrere Möglichkeiten:

- Das Deutsche wird direkt durch eine der nationalen Varietäten des Englischen beeinflusst.
- Englische Wörter gelangen über andere Sprachen ins Deutsche, z. B. über das Französische.
- Das Englische fungiert als Mittlersprache, z. B. das aus dem Hindustani stammende Wort *Bungalow*.
- Das englische Sprachgut wird produktiv, aber nicht-englisch in der deutschen Sprache genutzt, z. B. *Talkmaster, Handy*.
- Andere Sprachen weisen nicht-englische Produktivität auf und beeinflussen die deutsche Sprache, z. B. das in Japan entstandene Wort *Walkman*.

3. Klassifikation der Entlehnungen aus dem Englischen[6]

Im folgenden Kapitel wird sich an die Ausführungen von Richard GLAHN in seiner Dissertation „Der Einfluss des Englischen auf gesprochene deutsche Gegenwartssprache" gehalten. GLAHN stützte sich bei der Klassifikation des englischen Lehnguts auf das ursprünglich von Werner BETZ (vgl. Betz 1965) entwickelte und von Broder CARSTENSEN erweiterte und angepasste Modell.[7] Hierbei wird grundsätzlich zwischen evidentem und latentem Lehngut unterschieden.

---

[5] Glahn 2000, S. 16.
[6] Glahn 2000, S. 35 ff.
[7] Carstensen 1979 S. 90 ff.

<u>Evidentes Lehngut</u>

Direkte Entlehnungen   **Indirekte Entlehnungen**

Fremdwort   **Lehnwort**   **Scheinentlehnung**   **Mischkomposition**

Abb. 1: Evidentes Lehngut[8]

<u>Latentes Lehngut</u>

Lehnbedeutung   **Lehnbildung**

Lehnschöpfung   **Lehnformung**

Lehnübersetzung   **Lehnübertragung**

Abb. 2: Latentes Lehngut[9]

3.1 Evidentes Lehngut

Unter evidentem Lehngut versteht man die direkte Übernahme eines englischen Wortes, das durch seine Form und häufig durch seine Aussprache den englischen Ursprung erkennen lässt. Bei evidentem Lehngut lässt sich differenzieren zwischen den beiden direkten Entlehnungsarten *Fremdwort* und *Scheinentlehnung* und den indirekten Entlehnungsarten *Scheinentlehnung* und *Mischkomposition* (siehe Abb. 1).

---

[8] Glahn 2000, S. 36.
[9] Glahn 2000, S. 39.

- Das **Fremdwort** ist eindeutig als Wort fremder Herkunft zu erkennen, z. B. *Freestyle.*

- Das **Lehnwort** kann nicht mehr ohne weiteres als Wort fremder Herkunft identifiziert werden, z. B. *Sport.*

- **Scheinentlehnungen** werden im Rahmen der Anglizismenforschung auch *Pseudoanglizismen* genannt.[10]

  - Als **lexikalische Scheinentlehnung** bezeichnet man ein Wort, das englisch erscheint, im Englischen jedoch nicht belegt ist, z. B. das aus der englischen Bezeichnung für „zwanzig" *(twenty)* entstandene Wort *Twen.*

  - **Semantische Scheinentlehnungen** sind Wörter, die zwar in ihrer originalen Form übernommen werden, im Deutschen dann aber eine andere Bedeutung annehmen. Das derzeit wohl aktuellste Beispiel für eine semantische Scheinentlehnung ist das Wort *Handy.*

  - Unter **Lehnveränderungen** versteht man Wörter, die bei der Übernahme morphologisch verändert werden. Eine solche Veränderung stellt beispielsweise die Kürzung von *pullover* zu *Pulli* und *professional* zu *Profi* dar.

- Mit dem Ausdruck **Mischkomposition** werden die Wörter erfasst, die aus einem englischen und einem deutschen Wortteil bestehen. Bei den Mischkomposita lassen sich zwei Arten unterscheiden:

  - Zur ersten Kategorie zählen Mischkomposita, die kein Vorbild in der Gebersprache haben, z. B. das Wort *Managerkrankheit* (engl.: *stress disease*).

  - Zur zweiten Kategorie werden Mischkomposita gerechnet, die ein gebersprachliches Vorbild haben, z. B. das Wort *Haarspray* (engl.: *hair spray*)

---

[10] Castensen 1980, S. 94.

3.2 Latentes Lehngut

Im Gegensatz zum evidenten Lehngut ist das latente Lehngut als solches äußerlich nicht zu erkennen. Es besteht aus üblichen Wortbildungsbestandteilen des Deutschen. Unter latentes Lehngut fallen die *Lehnbedeutung* und die *Lehnbildung*. Die Lehnbildung lässt sich in *Lehnschöpfung* und *Lehnformung* aufteilen. Bei der Lehnformung ist nochmals zwischen *Lehnübersetzung* und *Lehnübertragung* zu unterscheiden (siehe Abb. 2).

- Bei der **Lehnbedeutung** handelt es sich um eine Bedeutungserweiterung des entlehnten Wortes. Ein Beispiel wäre das Wort *realisieren*. Es wurde zunächst nur im Sinne von *etwas umsetzen* verwendet. Mittlerweile kann es auch *etwas einsehen, etwas erkennen* oder *sich vorstellen* bedeuten.

- Eine **Lehnbildung** liegt vor, wenn der Inhalt des entlehnten Wortes mit sprachlichen Zeichen der Nehmersprache wiedergegeben wird. Die Lehnbildung unterteilt sich in *Lehnschöpfung* und *Lehnformung*.

- Eine **Lehnschöpfung** ist eine vollkommene Neubildung, z. B. *Kunststoff* für das englische Wort *plastic* oder *Fertiggericht* für das im englischen Sprachraum verwendete *fast food*.

- Die **Lehnformung** ist eine Nachbildung des entlehnten Wortes. Unter die Lehnformung fallen die Kategorien *Lehnübersetzung* und *Lehnübertragung*.

- Die **Lehnübersetzung** ist eine inhaltliche Wiedergabe mit eigenem Wortgut. Sie bleibt auf Komposita beschränkt, z. B. das Wort *Gipfelkonferenz,* das dem englischen Wort *summit conference* nachgebildet wurde.

- Die **Lehnübertragung** ist eng mit der Lehnübersetzung verwandt. Sie versucht jedoch nicht das gebersprachliche Vorbild exakt zu übersetzen. Beispiele sind die Wörter *Wolkenkratzer* und *Unterhaltungsgeschäft,* die dem englischen *skyscraper* bzw. *showbusiness* nachgebildet sind.

4. Zahlen und Fakten

In diesem Kapitel wird ein kurzer Überblick über die internationale Stellung der Sprachen Englisch und Deutsch gegeben, sowie der deutsche Wortschatz anhand von Zahlen und Fakten dargestellt.

4.1 Die internationale Stellung des Englischen

Folgende Zahlen geben Aufschluss über die universelle Ausbreitung der englischen Sprache heute:

„330 Millionen Menschen sprechen Englisch als Muttersprache. Aber in 37 Ländern, die über den ganzen Erdball verteilt sind, ist Englisch die einzige oder zusätzliche offizielle Sprache. Und wohl in fast allen Ländern der Welt wird es, zumindest in den höheren Schulen (mittlerweile auch zunehmend in der Primarstufe) als Fremdsprache gelehrt. Neueste Schätzungen setzen die Zahl derer, die Englisch als Zweit- oder Fremdsprache lernen, bei 600 bis 700 Millionen Menschen an. Man kann also davon ausgehen, dass rund eine Milliarde Menschen, ein Fünftel der Menschheit, Englisch mehr oder weniger gut beherrschen."[11]

Englisch ist die *lingua franca*, die Verkehrssprache der ganzen Welt und ist durch ihr hohes Prestige die Nummer 1 der Wissenschaftssprachen. 90% aller wissenschaftlichen Arbeiten werden in Englisch veröffentlicht. Sie ist heute die wichtigste internationale Sprache.

4.2 Die internationale Stellung des Deutschen[12]

Deutsch ist von der Zahl der SprecherInnen weltweit ungefähr an der 10. Stelle. Englisch dagegen steht an 2. Stelle. Platz 1 belegt das Chinesische.

---

[11] Skudlik 1990, S. 7.
[12] Muhr/ Kettemann 2002, S. 59 f.

Die wichtigsten Weltsprachen

1. *Chinesisch*	*1.000*	11. *Französisch*	*70*
2. *Englisch*	*350*	12. *Panjabi*	*70*
3. *Spanisch*	*250*	13. *Javanisch*	*65*
4. *Hindi*	*200*	14. *Bihari*	*65*
5. *Arabisch*	*150*	15. *Italienisch*	*60*
6. *Bengali*	*150*	16. *Koreanisch*	*60*
7. *Russisch*	*150*	17. *Telugu*	*55*
8. *Portugiesisch*	*135*	18. *Tamil*	*55*
9. *Japanisch*	*125*	19. *Marathi*	*50*
10. *Deutsch*	*110*	20. *Vietnamesisch*	*50*

Abb. 3: Die wichtigsten Weltsprachen[13]

Deutsch ist eine offiziell anerkannte Sprache in sechs europäischen Ländern: Deutschland, Österreich, Schweiz, Luxemburg, Liechtenstein und Belgien. Größere Minderheiten, die zwar deutsch sprechen, aber nicht offiziell anerkannt sind, gibt es in den USA (1,8 mio.), Brasilien (0,9 mio.), Polen (0,5 mio.) und Russland (0,35 mio.). Deutsch als Fremdsprache ist gerade in den EU-Ländern gut vertreten, manchmal direkt nach Englisch und noch vor Französisch oder Spanisch. Innerhalb der EU lernen derzeit 20% aller SchülerInnen Deutsch als Fremdsprache. 10% lernen Spanisch, 30% Französisch und 90% Englisch.

4.3 Der deutsche Wortschatz[14]

Der Gesamtwortschatz der deutschen Sprache liegt bei 10 Millionen Wörtern. Diese hohe Zahl kommt durch die verschiedenen Fachwortschätze zustande. Der Allgemeinwortschatz beträgt etwa 500.000 Wörter. Davon sind 100.000 Fremd- oder Lehnwörter. 10%, also ca. 5000 Wörter sind Anglizismen. Der Rest der Fremdwörter ist

---

[13] Muhr/ Kettemann 2002, S. 60.
[14] Muhr/ Kettemann 2002, S. 61 f.

meist lateinisch-griechischen Ursprungs. Demnach wären 1% des Allgemeinwortschatzes Anglizismen.

Das Institut für deutsche Sprache (IDS) hat Untersuchungen an Neologismen der 90er Jahre durchgeführt und kam zu dem Ergebnis, dass von 1000 als „kommutativ relevant" ermittelten Neuwörtern rund 40% Anglizismen, 40% deutsche Bildungen und 20% Mischkomposita aus einem englischen und einem deutschen Bestandteil sind.[15]

5. Englisch als größte Gebersprache Europas

Seit den 50er Jahren übernimmt das Englische die Rolle der Hauptgebersprache für lexikalische Entlehnungen. Dies stimmt mit der in der Fremdwortforschung vorherrschenden Meinung überein, dass seit 1945 bzw. mit dem Ende des 2. Weltkriegs ein großer Zustrom von englischen Wörtern in die deutsche Sprache stattgefunden hat.[16]

5.1 Historischer Rückblick

Die europäischen Sprachen verdanken ihre Gestalt vielfältigen gegenseitigen Einflüssen. Den auf einer griechisch-lateinischen Basis gegründete gemeinsame Bildungswortschatz verdanken wir der Bildungssprache Latein. Vom Italienischen haben wir das gemeinsame Sprechen über das Geldwesen, ebenso wie das über die Musik. Das Französische hat in mehreren Phasen unsere Alltagskultur verändert und erweitert. Das Deutsche seinerseits übte einen hohen Einfluss auf seine östlichen und nördlichen Nachbarn aus. Sprachlichen Kontakt zwischen den europäischen Staaten hat es schon immer gegeben und wird auch in Zukunft noch Thema sein. Sprachliche Beeinflussung hängt immer mit politischen, wirtschaftlichen und kulturellen Entwicklungen zusammen. So wurde der deutsche Wortschatz in vielen Epochen besonders nachhaltig von fremden Sprachen bereichert:[17]

In der Römerzeit kamen viele Lehnwörter aus dem römischen Latein zu uns. Während der Zeit der Christianisierung wurden die meisten Entlehnungen aus dem Lateinischen, Griechischen, und Angelsächsischen aufgenommen. Französisch war die

---

[15] www.detlev-mahnert.de.
[16] Carstensen 1965, S. 29. Yang 1990, S. 3.
[17] O´Halloran 2002, S. 147.

Hauptgebersprache in der höfischen Zeit. Im 16. Jh. wurden viele Wörter unter dem Einfluss des Humanismus aus der lateinischen Sprache entlehnt. Französisch dominierte wiederum im 17. Jh., der „Alamodezeit". Seit 1945 werden die meisten Wörter aus dem Angloamerikanischen importiert. Das Englische hat durch die vorherrschende pragmatische Version der Aufklärung im 18. Jh., später als Muster parlamentarischer Praxis, als Vorreiter der Industrialisierung und schließlich als Vorhut von Tourismus und Sport die Stellung als dominanteste Kontaktsprache im europäischen Raum erreicht, und ist demnach die wichtigste Gebersprache des 20. Jhs.

5.2 Sprachstrukturelle Gründe[18]

- Deutsch und Englisch sind beide westgermanische Sprachen. Der angelsächsische Wortschatz ist daher mit dem deutschen Wortschatz eng verbunden.

- Die Einfachheit des morphologischen Systems der englischen Sprache, nämlich der Deklination, der Konjugation und der Pronominalisierung, sowie die – im Vergleich zu anderen europäischen Sprachen – knapp gehaltene und wenig differenzierte Grammatik ermöglichen ein schnelles Lernen des Englischen.

- Deutsch und Englisch stehen sich auch morphologisch nah. So sind englische Begriffsbestimmungen wie *pop music* und *hair spray* im Deutschen entsprechend aufzufinden als *Popmusik* und *Haarspray*.

- Auch aus phonetischer Sicht werden viele englische Wörter leicht in die deutsche Sprache aufgenommen. Häufig verwendete Anglizismen wie z. B. *Boss, Club, Test, Trend* usw. bereiten Deutschsprachigen kaum Schwierigkeiten bei der lautlichen Wiedergabe.

- Die Leichtigkeit, mit der das Englische aus beliebigen Substantiven Verben machen kann, erhöht an vielen Stellen die Neigung, diese knappen und weniger stark mit Konnotationen versehenen englischen Verben den deutschen vorzuziehen. Ein Beispiel dafür wäre das englische Substantiv *chat,* von dem das Verb *chatten* abgeleitet wird anstatt das deutsche *plaudern* oder ähnliches zu verwenden.

---

[18] O´Halloran 2002, S. 148 f.

5.3 Geschichtliche, politische, wirtschaftliche, gesellschaftliche und kulturelle Gründe[19]

Die geschichtlichen, politischen, wirtschaftlichen, gesellschaftlichen und kulturellen Gründe für das Englische als größte Gebersprache Europas sind von vielen Sprachwissenschaftlern, wie z. B. POLENZ (1999) und YANG (1990), beschrieben worden:

- Die Besatzung durch hunderttausende englische und amerikanische Soldaten nach dem 2. Weltkrieg sowie die Westintegration der BRD seit den 50er Jahren hatten große Auswirkungen auf die deutsche Sprache.

- Die „Nachkriegsbeziehungen" zwischen den USA und Westdeutschland, die Schaffung der Bizone, der Marshallplan, die Währungsreform, die Gründung der Bundesrepublik, die Aufnahme Westdeutschlands in die NATO, die Aufstellung der Bundeswehr mit amerikanischem Lehrpersonal usw. sind Entwicklungen, die die Integration Deutschlands in die westliche Welt bewirkten und somit auch großen Einfluss auf den deutschen Wortschatz ausübten.

- Bei dem erheblichen Bedarf an neuen Benennungen im politisch-institutionellen Bereich wurde vorwiegend auf das Englische zurückgegriffen, denn man wollte die nationalsozialistischen Terminologien abschaffen.

- Der Import von technischen, wirtschaftlichen und wissenschaftlichen Errungenschaften aus England und den USA mit ihren englischen Bezeichnungen dienten der Einfachheit, Kürze und Prägnanz und erleichterte die internationale Kommunikation unter Experten.

- Das Englische hat eine Sonderstellung als Sprache der internationalen Kommunikation, als Weltsprache und als Verhandlungssprache in zahlreichen internationalen Organisationen.

- Seit den 60er Jahren ist Englisch – bis auf wenige Ausnahmen – ausschließlich die erste Schulfremdsprache. Inzwischen wird Englisch an fast allen Grundschulen ab der 1. Jahrgangsstufe unterrichtet.

- Eine bedeutende Rolle nach dem Krieg spielten die amerikanische Kultur und *the American Way of Life*. Die Einflussströmungen aus Amerika brachten viele Anglizismen v. a. im Bereich der Mode, der Musik und des Sports mit sich.

---

[19] O´Halloran 2002, S. 149 ff.

- Die technologische Vorreiterrolle Amerikas sowie die rasanten Entwicklungen der Informationstechnologien und der elektronischen Medien, v. a. dem Internet schlagen sich ebenfalls in einer großer Anzahl von Anglizismen nieder. Die moderne Technik ist insgesamt eine Quelle für englischsprachige Einflüsse.

- Viele als zukunftsweisende und als bedeutsam geltende Sachbereiche kommen in englischsprachiger Form zu uns. Einige Bereiche der Naturwissenschaft und der Technik sind sogar weithin zum Englischen als Berufssprache übergegangen.

- Die dominante Rolle der englischen Sprache ist auch durch ihr intellektuelles und soziales Prestige zu erklären.

- Das Englische ist aufgrund dieser Entwicklungen nicht nur allerorten anzufinden, es trägt auch das Bild von Fortschrittlichkeit und Modernität in sich. Sein praktischer wie symbolischer Wert ist erheblich gestiegen.

Viele der aufgeführten Gründe sind auch heute noch nach wie vor gültig und tragen zu einem immer stärker werdenden Einfluss des Englischen auf die deutsche Sprache bei.

6. Betroffene Bereiche

In nahezu allen Lebensbereichen sind Anglizismen vertreten. Spitzenplätze halten unter anderem die Medien, die Technik und die Filmindustrie. Anglizismen kommen v. a. in Bereichen vor, die technologische Neuerungen in das alltägliche Leben bringen oder gebracht haben: die Informationstechnologie, die Telekommunikation, der Dienstleistungsbereich, die Freizeitindustrie und die Jugendkultur, deren Musikgeschmack und Lebensstil überwiegend vom englischsprachigen Raum geprägt ist. Weitere Bereiche mit vielen Entlehnungen sind die Körperpflege, die Mode, die Wirtschaft, die Wissenschaft, die Politik und das Militärwesen. Auch im Bereich des Sports werden Entlehnungen besonders häufig verwendet. In diesem Bereich wird die deutsche Sprache in jüngster Zeit massiv durch die spezifischen Termini so genannter „Trendsportarten" wie *Bungee Jumping, Canooing, Freeclimbing, Fitnesstraining, Heli-Diving, Inlineskaten, Mountainbiking, Skateboarden, Snowboarden, Streetball, Streethockey, Trekking* usw., die ihren Ursprung in den meisten Fällen in den USA haben, beeinflusst und erweitert. Dieselbe Praxis gilt für Produkte der Elektroindustrie:

Chip, Compact Disk, Computer, Diskette, Motherboard, Notebook, Scanner, Setup usw. Auch bei den heutigen Jugendsprachen ist eine gehäufte Verwendung von Anglizismen festzustellen. Das Englische übt seit geraumer Zeit auch einen immensen Einfluss auf deutsche Fachsprachen aus. Forschungstätigkeiten sind in vielen Fachgebieten ohne fundierte Englischkenntnisse kaum noch möglich.

Im Folgenden soll näher auf die Bereiche Mode und Werbung eingegangen werden.

6.1 Anglizismen in der Sprache der Mode[20]

Die Mode ist ein Bereich, der in starkem Maße fremdsprachlichen Einflüssen unterliegt. Im Deutschen gehen die Bezeichnungen der alltäglichen Bekleidungsstücke sehr häufig auf das Englische zurück *Pullover, Shorts, Jeans, Top* usw. Auch deutsche Modeschöpfer und Modejournalisten bedienen sich heute besonders gerne des Englischen. Den intensiven Einfluss von Englisch auf die Modesprache haben verschiedene Sprachwissenschaftler immer wieder betont. Andreas DRESCH z. B. stellt Folgendes fest: „Kaum eine Entwicklung in der Freizeitindustrie ist heute frei von englischen Einflüssen. Gleichsam dehnte sich der amerikanische Einfluss auf die Modebranche aus. Neue Bekleidungsstile kommen über den Atlantik zu uns, mit ihnen die englischen Bezeichnungen, die offenbar gerade der Jugend Dynamik und hohen Prestigewert suggerieren."[21]

Auch das Bild deutscher Städte ist vom Englischen geprägt. Auffällig sind die zahlreichen Bekleidungsgeschäfte, die englische Namen tragen. So liest man beispielsweise *Lady´s Shop, Jeans Factory, Young Fashion* usw.

Die deutsche Modesprache hat über die Jahrhunderte viele verschiedensprachige Einflüsse erfahren. Es folgt ein geschichtlicher Überblick:

Vom 12. bis zum 18. Jh. fanden fast ausschließlich französische Entlehnungen Eingang in die deutsche Sprache im Bereich der Mode. Im 16. Jh. traten zwar Italien und Spanien in den Vordergrund, doch blieb Frankreich langfristig gesehen die Vorreiterrolle erhalten. Während der Aufklärung im 18. Jh. kämpfte das Bürgertum um seine Rechte. Bürgerliche Emanzipationsbestrebungen kamen von England auf das Festland Europas. Nicht nur in Frankreich, sondern auch in Deutschland wurde die

---

[20] O´Halloran 2002.
[21] Dresch 1995, S. 265.

englische Mode zum Symbol des bürgerlichen Freiheitskampfes. Dieses Jahrhundert führte den Zustrom englischer Wörter herbei. In England entstand eine bedeutende Textilindustrie, deren Wichtigkeit sich unter anderem in Stoffbezeichnungen wieder spiegelte, die im 18. Jh. auch in Deutschland geläufig wurden. Anglizismen, die in dieser Zeit ins Deutsche gelangten, sind z. B. *Flanell, Frack, Gingham, Kaliko, Manchester* usw. Im 19. Jh. war England v. a. das Vorbild der Herrenmode. Häufig verwendete Wörter waren *Cutaway, Jackett, Chesterfield* usw. Ende des 19. Jhs. Und Anfang des 20 Jhs. interessierten sich immer mehr Männer und Frauen für Sport, v. a. Tennis, Radsport und Turnen. Die Sportbewegung kam ebenfalls aus der englischsprachigen Welt und führte zu einem neuen Zustrom von englischen Wörtern in die deutsche Sprache, z. B. *Breeches, Knickerboxers, Sport-Dress, Sweater, Blazer, Pullover, Clubjacke* usw. Ende der 40er Jahre begann *the American Way of Life* erheblichen Einfluss auf die europäische Mode und den Lebensstil auszuüben. Einen großen Beitrag dazu leistete die Anwesenheit amerikanischer Besatzungssoldaten. Die *Nylonstrümpfe,* das *Cocktailkleid* sowie die *Jeans* und das *T-Shirt* hat Europa Amerika zu verdanken. Die 60er Jahre standen im Zeichen des *Minirocks.* Eine junge englische Schneiderin entwarf die ersten *mini-skirts,* die 1965 zum Modeschlager auf der ganzen Welt wurden. Die Mode Ende der 60er Jahre sowie der 70er wurde von der *Hippiebewegung* aus San Francisco und den *Punks* aus London beeinflusst. So entstanden der *Military-Look* und der *Fetzer-Look.* Englische Einflüsse in den 80er Jahren erkennt man an der sportlichen Kleidung, z. B. *Bermudas* und *Shorts.* Anfang der 90er kam aus Amerika der *Grunge-Look,* aus England die Wiederbelebung der *Seventies-Mode* in Form von Schlaghosen und Plateau-Schuhen.

Der Austausch von Ideen wird durch die Entwicklungen in Kommunikation und Technologie in einer immer enger miteinander korrespondierenden Welt erleichtert. Jeder aus dem Ausland kommende Einfluss verkörpert einen bestimmten Stil, z. B. *Country-Look* aus England oder *Sport- und Freizeit-Look* aus Amerika.

In den 70er Jahren wurden zum ersten Mal mehr englische als französische Lehnwörter in der Modesprache registriert. Damit war der Wendepunkt in der Entwicklung vom Französischen zum Englischen in der Modesprache erreicht. Seit den 80er Jahren nimmt der Anteil der französischen Lexikonwörter kontinuierlich ab und das Englische ersetzt endgültig das Französische als Hauptquelle für lexikalische Entlehnungen, was die Benennung und Beschreibung von Kleidungsstücken und Stilrichtungen betrifft.

Edel O´HALLORAN hat eine Umfrage durchgeführt, in der Frauen und Männer unter 30 Jahren bzw. über 60 Jahren elf abgebildete Kleidungsstücke benennen sollten, die sowohl eine englische als auch eine deutsche Bezeichnung haben können.[22]

Deutsche Bezeichnung	Englische Bezeichnung
Trägerhemd	Top
Heißes Höschen, kurze Hose	Hotpants, Shorts
Oberteil	T-Shirt
Jacke	Blazer
Kurzer Rock	Mini
Umhang	Cape
Regenmantel	Trenchcoat
Unterhose	Boxershorts
Damenunterhose	Slip
Stiefel	Boots
Halbschuh	Loafer, Slipper

Fast 70% aller Bezeichnungen waren englisch und nur 30% deutsch. Die TeilnehmerInnen unter 30 Jahren reagierten sehr tolerant gegenüber Anglizismen, diejenigen über 60 waren eher unzufrieden mit der heutigen sprachlichen Situation in Deutschland. Trotzdem stehen auch diese Personen unter dem Einfluss des Englischen und drückten bei der Umfrage deutlich mehr als die Hälfte der Bezeichnungen in Anglizismen aus.

6.2 Anglizismen in der Sprache der Werbung

Ein Bereich, dessen Sprache ebenfalls seit langer Zeit auf vergleichbar umfangreiche und vielfältige Weise durch Entlehnungen aus dem Englischen geprägt ist, und deswegen auch schon als „gewichtiges Eingangstor für englisches aller Art" bezeichnet wurde, ist die Werbung.[23]

---

[22] O´Halloran 2002, S. 84 ff.
[23] Yang 1990, S. 33 f.

Die in der Werbung verwendete Sprache wird in Bezug auf das gehäufte Verwenden von Anglizismen insbesondere kritisiert, weil das häufige Nichtverstehen des englischen Lehnguts den Kunden veranlasst zu glauben, der Erwerb der angebotenen Ware oder Dienstleistung sei vorteilhafter gegenüber anderen, mit deutscher Sprache angebotenen Waren und Dienstleistungen. Entlehnungen aus dem Englischen werden besonders häufig dann verwendet, wenn der entsprechende Werbetext amerikanische Wertvorstellungen wiedergibt und amerikanische Werte innerhalb der Zielgruppe der Werbebotschaft einen hohen Stellenwert einnehmen.[24]

Neuerdings kann ein leichter Rückgang an Anglizismen verzeichnet werden, was gerade bei Werbeslogans deutlich wird, die von der Werbeindustrie wieder zunehmend in deutscher Sprache verfasst werden. Die Kölner Agentur *Endmark* fand heraus, dass die Mehrheit von 1100 befragten VerbraucherInnen englische Werbesprüche gar nicht oder zumindest nicht im Sinne des Unternehmens verstanden:[25] „Be inspired", auf diesen Siemens-Spruch konnten sich nur Wenige einen Reim machen. „Come in and find out", die Kampagne von Douglas wurde zum Klassiker aller Missverständnisse: Manche meinten, es gehe darum, hereinzukommen und schnell wieder hinauszufinden. „Drive alive", einen Mitsubishi, meinten die meisten, solle man möglichst lebend fahren. „Powerd by Emotion", dieser Spruch von Sat.1 wurde mit der skurrilsten aller Antworten bestückt, nämlich „Kraft durch Freude". Zwölf Kampagnen mit dem höchsten Werbedruck hatte *Endmark* untersucht. Westdeutsche verstanden die Werbung im Durchschnitt besser als Ostdeutsche, Junge besser als Alte. Aber insgesamt überraschte das große Unverständnis. Ein Jahr später wurde eine Kehrtwende deutlich. Von den zwölf Unternehmen haben acht auf Deutsch umgestellt. Hier einige Beispiele:

McDonald´s „Every time a good time" wurde zu „Ich liebe es".

Lufthansas „There´s no better way to fly" wurde zu "Alles für den Moment".

Douglas „Come in and find out" wurde zu „Douglas macht das Leben schöner".

Sat.1 „Powered by Emotion" wurde zu „Sat.1 zeigts allen".

Mitsubishis „Drive alive" wurde zu „Heute. Morgen. Übermorgen.".

Schön, neu und fesch – das sind die Anglizismen in der deutschen Werbung. Sie vermitteln Lifestyle, Modernität, Trendbewusstsein und Weltoffenheit. Werbeanglizismen kommen v. a. dort vor, wo das Hervorheben eines neuen Lebensgefühls wichtig ist. Es sind meist lustbetonte Werte, die von der Amerikanisierungswelle nach Europa gebracht werden und ihre amerikanisch-

---

[24] Schütte 1996, S. 357, 361.
[25] www.sprache-werner.de.

englischen Ausdrücke mitnehmen. Die Werbeindustrie setzt diese Anglizismen und ihre Wertsymbolik bewusst ein.

Wie sieht nun die konkrete Verwendung des Englischen in der Sprache der Werbung aus? Es gibt eine Kompetenzverteilung zwischen Deutsch und Englisch hinsichtlich des Produkts, das beworben wird.[26] Mode beispielsweise wird eher auf Englisch beworben, Lebensmittel fast ausschließlich auf Deutsch. So wird man etwa in Weininseraten kaum ein englisches Wort oder gar eine englische Überschrift finden. Auf der anderen Seite wird in der Mode *pink* statt *rosa* gewählt, weil eine Überschrift wie *„Pretty in Pink"* einfach besser verkauft als *„Schönheit in rosa"*. Hinsichtlich der Aktualität eines Produktes steht Englisch eher für das „Neueste", wohingegen Deutsch für „Altbewährtes" steht. Je stärker die Aktualität hervorgehoben wird, desto eher wird Englisch verwendet. Will man aber die Qualität unterstreichen, tendiert man zu Deutsch. So werden etwa Haushaltsgeräte wie Kühlschränke oder Waschmaschinen, die zwar kontinuierlich verbessert, aber nicht ständig neu erfunden werden, hauptsächlich auf Deutsch beworben. Im EDV-Bereich hingegen, der tagtäglich mit revolutionären Neuigkeiten aufwartet, werden vergleichsweise viele englische Ausdrücke verwendet. Wenn es um die Bewerbung von Marken geht, so zeigt die Marktforschung, dass sich einer Marke durch die Verwendung von Englisch ein internationales Image verleihen lässt.

Die Sprache der Werbung richtet sich auch v. a. nach der Zielgruppe, die angesprochen werden soll. Generell lässt sich sagen, dass die Anzahl englischer Ausdrücke in Werbetexten in einem reziproken Verhältnis zum Alter der Zielgruppe steht. Das heißt, je älter die Zielgruppe, desto geringer der Anteil des Englischen in den an sie gerichteten Botschaften.

Die Verwendung von Anglizismen ist also zielgruppenspezifisch und produktspezifisch und aus der Sicht der Werbung können Deutsch und Englisch in perfekter Harmonie nebeneinander existieren.

---

[26] Scherr 2002, S. 234 f.

7. Funktion und Wirkung von Anglizismen

Mit *Funktion* ist hier die *Rolle* von Anglizismen in der deutschen Sprache gemeint. Unter *Wirkung* wird der *kommunikative Effekt* der Anglizismen verstanden.

a) Funktion von Anglizismen

Anglizismen werden nicht deshalb verwendet, weil deutsche Ausdrücke fehlen, „sondern sie sind (...) Träger einer Signalfunktion. Sie signalisieren technisches Know-How, Gruppenidentität, Modernität und Jugendlichkeit".[27]

Außerdem haben Anglizismen auch die Funktion der Sprachökonomie. Unter dem Terminus Sprachökonomie versteht man „das Bestreben, mit minimalem sprachlichen Aufwand maximale sprachliche Effektivität zu erreichen".[28] Sprachwissenschaftler rechnen die Sprachökonomie zu der wichtigsten Entlehnungsmotivation von Anglizismen im Deutschen.[29]

Eine weitere bedeutende Funktion ist die Werbewirksamkeit von Anglizismen. Sie versprechen die Hebung des sozioökonomischen Status und appellieren an das Selbstgefühl, das Selbstbewusstsein, das Sicherheitsstreben und die Eitelkeit. Anglizismen gelten als Hilfsmittel beim Spiel mit dem Wunschdenken der Kunden. Sie suggerieren Leitbilder wie Liebe, Jugend, Schönheit, Gesundheit, Emanzipation und Freiheit. Weiterhin werden Anglizismen auch zu Werbestrategien, wie Wortspiele, Reime und phonetische Sprachspiele, herangezogen. Der wesentliche und entscheidende Faktor für die Wahl englischer Produktnamen und Ausdrücke sowie die allgemeine Neigung, alles Neue mit englischen Bezeichnungen zu versehen, ist das Prestige der Gebersprache Englisch. Mit der Wahl eines englischen Produktnamens soll das Prestige dieser Sprache symbolisch auf das eigene Produkt übertragen und dem Käufer signalisiert werden, dass er das Bestmögliche für sein Geld erhält und mit dem Produkt gleichzeitig auch gesellschaftliches Ansehen erwirbt. Anglizismen haben in diesem Zusammenhang v. a. eine Appellfunktion. Ihre Verwendung soll dem Adressaten signalisieren, dass er/ sie das Richtige tut, wenn dieses eine Produkt gekauft wird, da es gegenüber den anderen eben moderner, jugendlicher, zeitgemäßer, trendiger usw. ist. Ein erheblicher, möglicherweise der größte Teil der Anglizismen in der Werbung und Produktbenennung wird aus Gründen des positiven Appells und des Prestiges eingesetzt.

---

[27] Weingarten 1997, S. 52.
[28] Yang 1990, S. 123.
[29] Carstensen 1965, D. 268 f.

Durch die Verwendung von Fremdwörtern aus der Prestigesprache Englisch wird den Kunden sowohl der Eindruck von etwas Besonderem, Exklusivem vermittelt, als auch sein Verlangen nach exotischer Ferne geweckt. In der Werbesprache sind Anglizismen feste Bestandteile.

b) Wirkung von Anglizismen

Der Kolorit ist eine der wichtigsten und auffälligsten stilistischen Wirkungen von Anglizismen im Deutschen.[30] Der Begriff des Kolorits wird verwendet, um die Farbwirkung, die Klangeigenart, die besondere Stimmung und Atmosphäre einer Schilderung zu kennzeichnen. Die Verwendung von fremdsprachlichen Fachausdrücken aus verschiedenen Bereichen vermittelt Fachkolorit und gibt den Anschein von fachlicher Kompetenz und Wissenschaftlichkeit.

Präzision hängt eng mit der bereits erwähnten Sprachökonomie zusammen. Anglizismen dienen der Kürze und dem präzisen Wortgebrauch sowie der Klarheit und Übersichtlichkeit im Ausdruck. Sie ermöglichen eine semantische Abgrenzung und inhaltliche Genauigkeit.

Außerdem werden Anglizismen verwendet um Auffälligkeit zu erzeugen.

In vielen Fällen dient das Fremdwort dazu Wortwiederholungen zu vermeiden. Es ist so zu sagen eine stilistische Ausweichmöglichkeit. Auch YANG stellt fest, dass Anglizismen Variation und Anschaulichkeit im Ausdruck möglich machen.[31]

8. Der Kampf gegen die Fremdwörter

Vom 16. Jh. an bis in die Nachkriegszeit wurde stetig versucht die deutsche Sprache von Fremdwörtern zu „reinigen", was in der Sprachwissenschaft als *Fremdwortpurismus* bezeichnet wird. „Der Begriff Fremdwortpurismus bezeichnet den programmatischen, institutionalisierten Kampf gegen Wörter fremder Herkunft oder gegen mit fremdem Sprachmaterial gebildete Wörter, welcher in der Napoleonzeit angefangen und seinen Höhepunkt in der NS-Zeit erreicht hat."[32]

---

[30] Yang 1990, S. 119.
[31] Yang 1990, S. 127.
[32] Kirkness 1998, S. 407.

Der Fremdwortgebrauch wurde damals „Besudelung und Verluderung der deutschen Sprache, des höchsten deutschen Heiligtums", „Krebsgeschwür am Leibe deutscher Sprache und „geistiger Landesverrat" genannt.[33]

Seit dem 16. Jh. lassen sich für das Deutsche etwa sechs Phasen intensivierter Bekämpfung der so genannten Fremdwörter unterscheiden.[34] Jede dieser Phasen hatte unterschiedliche Ausgangspunkte, gemeinsam ist aber allen, dass sie mit Zeiten zusammenfallen, in denen starke gesellschaftliche Veränderungen stattgefunden haben. Das erste Fremdwörterbuch des Deutschen wurde bereits 1571 veröffentlicht – es war Simon Rots „ Ein teutscher Dictionarius". Es entstand in einer Zeit, in der sich die neuhochdeutsche Schriftsprache in der Folge der lutherischen Revolution endgültig etabliert hatte und neben das Lateinische als vollwertige Amtssprache trat. Im 17. und 18. Jh. waren es v. a. der „Kampf" gegen die so genannten *Gallizismen* – Lehnwörter französischer Herkunft-, gegen die sich die Sprachreiniger wandten. Am Anfang des 18. Jh. kam dann auch der Kampf für das Deutsche als Wissenschafts- und Bühnensprache und damit die Eindeutschung lateinischer Begriffe hinzu. Das Ende des 18. Jhs. war von einer neuen Welle der Eindeutschungsbemühungen gekennzeichnet, die sich v. a. gegen Wörter aus dem Französischen richteten. Es war die Zeit der Napoleonischen Kriegszüge und damit die Zeit der Ausbreitung der französischen Herrschaft und Sprache über Europa, gegen die man sich auch sprachreinigend wandte. Eine neue Welle fremdwortpuristischer Aktivitäten begann schließlich Mitte des 19. Jhs., besonders intensiv aber nach der Gründung des Deutschen Reichs. Die Hauptzielrichtung war auch diesmal der Einfluss aus dem Französischen. Die Jahre vor und nach dem 1. Weltkrieg waren zugleich auch die Zeit, in der das Englische erstmals hohes Prestige erreichte. Der Fremdworthass ließ in den 20er Jahren etwas nach, erreichte aber mit der Machtergreifung der Nazis in den 30er Jahren ihren Höhepunkt. Die schrecklichen Erfahrungen der Nazizeit machten jede extreme Form der Fremdwortbekämpfung nach 1945 gänzlich unmöglich. Eine massive Änderung dieser ablehnenden Grundhaltung fand erst in der Folge der politischen Veränderungen von 1968 statt. Es kam zur bereitwilligen Aufnahme von Anglizismen in das Westdeutsche, während das Ostdeutsche vom Englischen viel weniger berührt wurde. Besonders nach der Studentenrevolte von 1968 und dem Aufkommen der Pop-Musik galt Englisch als moderne Sprache, mit der man seine Opposition zu den politisch und kulturell konservativen Verhältnissen in Deutschland signalisieren konnte.

---

[33] Nach Straßner 1995, S. 389.
[34] Muhr/ Kettemann 2002, S. 20 ff.

Sprachreinigungsbemühungen in der traditionellen Form waren daher nur am äußerst rechten Rand des politischen Spektrums angesiedelt. Das änderte sich erst gegen Ende der 80er Jahre und v. a. ab der deutschen Wiedervereinigung, die mit dem Beginn der amerikanisch dominierenden Globalisierung und der massiven Zunahme des Anglizismengebrauchs zusammenfiel. Dagegen formierten sich in den 90er Jahren zahlreiche Sprachvereine, deren Sprachpurismus nun mehr gegen eine Sprache gerichtet ist: das Englische. Der wichtigste davon ist der „Verein deutsche Sprache", der zahlreiche prominente Germanisten unter den Mitgliedern des wissenschaftlichen Beirats hat. Der Verein wendet sich gegen die Verdrängung der deutschen Sprache durch das Englische.

Heute ist in Deutschland zumindest in der Wissenschaft eine eher tolerante Einstellung gegenüber Fremdwörtern zu beobachten. Auch wenn sich Sprachwissenschaftler gegenüber Entlehnungen gemäßigt äußern, gibt es in Deutschland immer noch eine Fremdwortfrage. Die Unzufriedenheit und die Befürchtungen der Angehörigen der Sprachgemeinschaft bezüglich der deutschen Sprache lassen sich deutlich spüren.

9. Einstellungen und Meinungen zu Anglizismen in der deutschen Sprache

Die Sprache ist der Spiegel einer Nation.
Wenn wir in diesen Spiegel schauen,
so kommt uns ein großes, treffendes
Bild von uns selbst daraus entgegen.

Friedrich Schiller

Das Eindringen des Englischen ins Deutsche ist eines der am meisten untersuchten und diskutierten Erscheinungen in der heutigen Linguistik. Wie steht es mit der deutschen Sprache der Gegenwart? Befindet sie sich in gutem Zustand oder verfällt sie, wie viele Zeitgenossen meinen? Und welche Rolle spielen Anglizismen heutzutage für die Entwicklung unserer Muttersprache?

Seit Beginn der 90er Jahre ist zu beobachten, dass die deutsche Sprache durch eine ständig wachsende Anzahl englischer Wörter massiv beeinflusst wird. Kaum ein Bereich der Gesellschaft wurde davon verschont.

In einer von dem *Institut für deutsche Sprache* bundesweit durchgeführten Umfrage mit dem Titel „Meinungen und Einstellungen zur heutigen deutschen Sprache" bewertet die große Mehrheit der Befragten die ihnen aufgefallenen sprachlichen Veränderungen als ganz oder teilweise schlecht. Bei diesen Veränderungen werden Anglizismen an erster Stelle genannt und von den Befragten negativ bewertet.[35] Obwohl viele Sprachwissenschaftler sich nüchtern und gemäßigt über Fremdwörter im Deutschen äußern, scheint die Einstellung der Bevölkerung eher gegenteilig zu sein.

O`HALLORAN schließt sich dieser Meinung an: „Trotz beschwichtigender Äußerungen mancher Sprachwissenschaftler, dass es schon immer sprachliche Veränderungen gegeben habe, dass Sprachverfall ein Mythos sei und dass eine Sprache nicht verfallen könne, ist die Besorgnis über das Ausmaß des Englischen in der deutschen Sprache teilweise gerechtfertigt. Das erschwerte Verständnis der eigenen Sprache seitens vieler Deutschsprachiger sei hierzu als eines der Hauptargumente genannt. Ohne Englischkenntnisse lassen sich Zeitungen und Sendungen in Funk und Fernsehen nur schwer verstehen und der Umgang mit den neuen Medien wird ebenfalls erschwert, wenn nicht ganz ausgeschlossen."[36]

Auch MUHR stellt fest, dass „die Zahl der Übernahmen im Deutschen zwar insgesamt gering ist, sodass die von Sprachreinigern immer wieder geäußerten Befürchtungen, das Deutsche könnte zu einer Pidginsprache werden, völlig unbegründet sind. Allerdings gibt es Wirtschaftsbereiche, in denen die Verwendung von englischen Ausdrücken ein Ausmaß angenommen hat, das untolerierbar geworden ist, da es zu erheblichen Verständnisproblemen führt."[37]

KRÄMER vertritt sogar die Meinung, dass die Verwendung von Anglizismen eine „Missachtung unserer eigenen Sprache und Kultur" sei. Er spricht von „Achtlosigkeit", „Verachtung" und „Mit-den-Füßen-treten der eigenen kulturellen Wurzeln".[38]

In der Regel werden vonseiten der Sprachvereine gegen die Verwendung von Anglizismen folgende Argumente angeführt:

---

[35] Stickel/ Volz 1999, S. 18 f.
[36] O´Halloran 2002, S. 170.
[37] Muhr/ Kettemann 2002, S. 12.
[38] Krämer 2000, S. 256.

- Sie behindern die zwischenmenschliche Verständigung, wenn man ihre Bedeutung nicht kennt.
- Sie fördern die Vorherrschaft bestimmter privilegierter sozialer Schichten, indem nur sie verstehen, was gemeint ist.
- Sie ebnen die Vielfalt des Deutschen ein, indem treffendere deutsche Wörter verdrängt werden.
- Das Deutsche wird von Anglizismen überschwemmt. Sie bewirken, dass das Deutsche im Begriff ist auszusterben.
- Sie bedrohen die Identität des Deutschen und der deutschsprachigen Kulturen.
- Der amerikanische Sprachimperialismus nehme überhand und müsse bekämpft werden.

Dagegen klärt MUHR, dass „von den meisten Anglizismengegnern oft vergessen wird, dass der überwiegende Teil der Anglizismen in Form von Lehnschöpfungen, Lehnübersetzungen und Lehnübertragungen ins Deutsche aufgenommen und daher an der sprachlichen Oberfläche überhaupt nicht sichtbar wird".[39] Weiterhin hält er fest, dass „viele Entlehnungen in präziser Weise Lücken im Sprachsystem füllen, indem sie Sachen bezeichnen oder Bedeutungen ausdrücken, die es bisher nicht gegeben hat und deren Wiedergabe auf Deutsch entweder zu umständlich langen Wörtern führt oder ohne Bedeutungsverlust einfach nicht möglich ist. Dass deutsche Wörter generell durch englische ersetzt werden und damit verloren gehen, kann nicht nachgewiesen werden. Viele Anglizismen bringen von ihrem Äußeren her kaum Probleme mit sich – es muss lediglich ihre Bedeutung erlernt werden, dann steht der kompetenten Verwendung nichts im Wege. Sie stellen also kein Kommunikationshindernis dar und sind auch kein Problem für das aufnehmende Sprachsystem."[40]

Laut KETTEMANN sind Anglizismen im Deutschen „eine normale Erscheinung des Sprachkontakts". Gegenseitige Einflüsse sind nichts Neues in der deutschen Sprachgeschichte, und wenn auch die zahlenmäßigen Relationen derzeit etwas unausgewogen scheinen mögen, sieht er keine ernsthafte Gefahr für das Deutsche. Es handelt sich seiner Auffassung nach um „Modeerscheinungen, die sich nach politischer, wirtschaftlicher, kultureller und sozialer Kräftelage im Sprachgefüge richten und sich auch wieder ändern können".[41]

---

[39] Muhr/ Kettemann 2002, S. 34.
[40] Muhr/ Kettemann 2002, S. 38 ff.
[41] Muhr/ Kettemann 2002, S. 74.

SCHRODT vertritt die Meinung, dass Sprachwandel und Sprachgeschichte uns zeigen, dass „Sprache ein selbstregulierendes System" ist. „Wenn es Ausdrucksbedürfnisse gibt, entstehen dafür eigene sprachliche Formen – wenn diese Bedürfnisse verschwinden, ziehen sie ihre Formen mit sich."[42]

Wie lange „leben" Entlehnungen aus dem Englischen in der deutschen Sprache? FINK führt dazu aus: „Viele von ihnen werden schnell wieder verschwinden, da sie Gelegenheitsbildungen sind. Andere wieder werden länger im deutschen Wortschatz bleiben, da sie eine Modeerscheinung oder einen Gegenstand bezeichnen, die erst nach einer gewissen Zeit von anderen Erscheinungen oder Neuerungen überholt werden und dann in Vergessenheit geraten. Wieder andere können von längerem Bestand sein, da sie bereits seit Jahrzehnten in der deutschen Sprache verankert sind und höchstens in der Verwendungsfrequenz abnehmen werden, wenn man den Ausdruck und das von ihm Gemeinte weniger benötigt." [43]

SCHÜTTE erläutert, dass die deutsche Sprache durch die Verwendung von Anglizismen – ob dauerhaft oder nur für kurze Zeit – bereichert und ergänzt, jedoch nicht verdrängt wird. „Diese Entwicklung sollte nicht als Dominanz eines fremden Sprachsystems, sondern als ein Aspekt unter vielen Merkmalen unserer Alltagskultur aufgefasst werden."[44]

POLENZ schließt sich dem an und führt auf, dass „dieser Sprachprozess nicht als eine `Verenglischung` der deutschen Sprache zu sehen ist, sondern vielmehr als ein modernster Teil der Internationalisierung der Sprache Europas betrachtet werden kann, dies v. a. deshalb, weil Englisch eine „inter- oder multinational language par excellence" geworden ist." [45]

---

[42] Muhr/ Kettemann 2002, S. 113.
[43] Fink 1970, S. 166 f.
[44] Schütte 1996.
[45] Polenz 1999, S. 400.

10. Schlusswort

Die deutsche Sprache wird vom Englischen seit einiger Zeit regelrecht überflutet. Die Ursache dafür liegt auf der Hand: Es ist die wirtschaftliche, technologische, militärische und kulturelle Dominanz der Vereinigten Staaten und des englischen Sprachraums insgesamt. Eine Trendwende gegen die Verwendung von Anglizismen scheint ausgeschlossen. Sprachveränderungen konnten und können weder von Organisationen noch durch Verordnungen aufgehalten werden – das gilt auch für die jüngste und uns hier beschäftigende Welle fremdsprachlicher Einflüsse durch das Englische. Doch dies muss kein Grund zur Resignation sein. O´HALLORAN schlägt einen Appell vor, an Personen des öffentlichen Lebens, an Journalisten, Redakteure und Werbeleute sowie an Lehrer in Schulen und Unis, einen bewussteren und verantwortungsvolleren Umgang mit unserer Sprache zu fördern.[46] Dies wäre zumindest ein angemessener Ausgangspunkt für die weitere Entwicklung der deutschen Sprache im 21. Jh.

Während der sachlich gerechtfertigte Gebrauch von Anglizismen nicht zu beanstanden ist, sollte der aus Prestige-, Werbe- und ähnlichen Interessen forcierte Gebrauch des Englischen abgelehnt werden, weil er überflüssig ist und die Kommunikation eher behindert als fördert. Von der verantwortungsbewussten, am sachlichen Erfordernis orientierten Verwendung von Anglizismen geht keine Gefahr für die deutsche Sprache aus. Auch deshalb nicht, weil natürliche Sprachen „Unverdauliches" und Überflüssiges wieder abstoßen. Wörter, für die kein dauerhafter kommunikativer Bedarf besteht, werden schließlich auch nicht mehr verwendet.

So besteht durchaus die Chance, dass – wie KRÄMER hofft – „auch noch in 100 Jahren Menschen auf der Erde Goethe oder Schiller ohne Übersetzung lesen können, dass das in Jahrtausenden gewachsene Kunstwerk „Deutsche Sprache" nicht zu einem Pidgin-Dialekt zerbröselt, sondern weiter die „große Orgel" unter allen Sprachen bleibt, auf der Dichter und Denker auch in Zukunft noch gerne spielen."[47]

---

[46] O´Halloran 2002, S. 176
[47] Krämer 2000, S. 261.

11. Abbildungsverzeichnis

12. Literaturverzeichnis

Monographien:

- **Bader, Wolfgang:** Deutsche Sprache im Inland – deutsche Sprache im Ausland: Beziehungsprobleme aus der Sicht des Goethe-Instituts. In: Meier, Christian (Hrsg.): Sprache in Not. Zur Lage des heutigen Deutsch. Göttingen 1999, S. 33-51.

- **Carstensen, Broder:** Englische Einflüsse auf die deutsche Sprache nach 1945. Heidelberg 1965.

- **Carstensen, Broder:** Evidente und latente Einflüsse des Englischen auf das Deutsche. In: Braun, Peter (Hrsg.): Fremdwort-Diskussion. München 1979, S. 90-94.

- **Carstensen, Broder:** Semantische Scheinentlehnungen des Deutschen aus dem Englischen. In: Viereck, Wolfgang (Hrsg.): Studien zum Einfluss der englischen Sprache auf das Deutsche. Tübingen 1980, S. 77-100.

- **Dresch, Andreas:** Adventure-Look and Sport-Appeal. Das Phänomen "Modischer" Anglizismen in Men-Lifestyle-Zeitschriften. In: Deutsche Sprache 23. 1995, S. 240-268.

- **Fink, Hermann:** Amerikanismen im Wortschatz der deutschen Tagespresse. Dargestellt am Beispiel dreier überregionaler Tageszeitungen: Süddeutsche Zeitung, Frankfurter Allgemeine, Die Welt. München 1970.

- **Glahn, Richard:** Der Einfluss des Englischen auf gesprochene deutsche Gegenwartssprache. Eine Analyse öffentlich gesprochener Sprache am Beispiel von „Fernsehdeutsch". Frankfurt am Main 2000.

- **Kirkness, Alan:** Das Phänomen des Purismus in der Geschichte des Deutschen. In: Besch/ Betten/ Reichmann/ Sonderegger (Hrsg.): Sprachgeschichte. Ein Handbuch zur Geschichte der deutschen Sprache und ihrer Erforschung. Berlin 1998.

- **Krämer, Walter:** Modern Talking auf deutsch. Ein populäres Lexikon. München 2000.

- **Muhr, Rudolf/ Kettemann, Bernhard (Hrsg.):** Eurospeak. Der Einfluss des Englischen auf europäische Sprache zur Jahrtausendwende. Frankfurt am Main 2002.

- **O´Halloran, Edel:** Ist Mode englisch? Französische und englische Einflüsse auf die deutsche Mode- und Gemeinschaftssprache im 20. Jahrhundert. Frankfurt am Main 2002.

- **Polenz, Peter von:** Deutsche Sprachgeschichte vom Spätmittelalter bis zur Gegenwart. Berlin 1999.

- **Scherr, Michael:** Anglizismen in der Sprache der Werbung. In: Muhr/ Kettemann (Hrsg.). Frankfurt am Main 2002, S. 233-235.

- **Schütte, Dagmar:** Das schöne Fremde. Anglo-Amerikanische Einflüsse auf die Sprache der deutschen Zeitschriftenwerbung. Opladen 1996.

- **Skudlik, Sabine:** Sprachen in den Wissenschaften. Deutsch und Englisch in der internationalen Kommunikation. Tübingen 1990.

- **Stickel, Gerhard/ Volz, Norbert:** Meinungen und Einstellungen zur deutschen Sprache. Ergebnisse einer bundesweiten Repräsentativerhebung. Mannheim 1999.

- **Straßner, Erich:** Deutsche Sprachkultur. Von der Barbarensprache zur Weltsprache. Tübingen 1995.

- **Weingarten, Rüdiger (Hrsg.):** Sprachwandel durch Computer. Opladen 1997.

- **Zindler, Horst:** Anglizismen in der deutschen Presse nach 1945. Kiel 1959.

Internetseiten:

- http://www.detlev-mahnert.de/debatte.htm
  aufgerufen am 03.06.2005
- http://www.sprache-werner.info/sprache/sprache-anglo-out.html
  aufgerufen am 03.06.2005